LA SAGESSE D'ULYSSE

TIRAGE LIMITÉ A
QUATRE EXEMPLAIRES SUR JAPON IMPÉ-
RIAL NUMÉROTÉS, A LA PRESSE, DE
I A 4 ET DEUX CENT CINQUANTE EXEM-
PLAIRES SUR VERGÉ D'ARCHES NUMÉ-
ROTÉS, A LA PRESSE, DE 5 A 254

EXEMPLAIRE N° 135

FRANCIS VIELÉ-GRIFFIN

LA SAGESSE D'ULYSSE

ORNÉ D'UNE COMPOSITION DE

K.-X. ROUSSEL

PARIS

MERCVRE DE FRANCE

XXVI, RVE DE CONDÉ, XXVI

MCMXXV

Ulysse.

Pénélope.

Télémaque, *leur fils.*

Télégonos, *fils d'Ulysse et de Circé.*

Servantes.

Serviteurs.

L'action observe les trois unités.

NOTE

—

L'ouvrage, présenté ici dans son ensemble, assume pour la première fois la signification que lui a voulue l'auteur :

Le thème s'appuie, pour la fable, sur Homère et ses scholiastes ; il oppose le bonheur statique à la joie dynamique.

Parmi les rythmes mobiles de la prose, un motif anapestique s'annonce et s'affirme progressivement, souligne le passage au plan spirituel.

La rime marque, un instant, l'insistance du rythme qui soulève la finale, mais elle s'atténue et disparaît avant les derniers accords.

AMBOISE, PARIS, 1913-1924.

I

A Ithaque, le portique du palais d'Ulysse,
la nuit est tombée.

ULYSSE

Pénélope, vous êtes là ?

PÉNÉLOPE

Je n'ai pas bougé, mon seigneur.

ULYSSE

La nuit vient sans qu'on s'en aperçoive.
Vous n'avez pas froid ?

PÉNÉLOPE

Non ; mais l'ombre de la nuit d'été
est comme un manteau tiède

qu'on ne peut rejeter :
il me pèse au cœur.

ULYSSE

C'est peut-être le silence qui est pesant.
Ne chantez-vous plus, Pénélope ?

PÉNÉLOPE

Trop souvent ils ont voulu m'entendre ;
je chantais ;
et, bientôt, le bruit de leurs disputes me couvrait
    la voix
et, si je m'interrompais,
personne ne s'en apercevait...
et, maintenant, le silence m'étonne.

ULYSSE

La sécurité d'un lendemain sans surprises
m'inquiète...

PÉNÉLOPE

Nous nous habituerons au bonheur...

ULYSSE

N'est-ce la poursuite du bonheur qui le crée ?
comme le désir d'un fruit, en suscitant la saveur,

vous laisse presque rassasié...
Pénélope,
ce que j'ai trouvé, ici,
m'apparut comme la parodie grotesque
du souvenir qui m'y ramenait :
te souvient-il de Sparte
tout empoussiérée du va-et-vient des escortes ?
chacun y rivalisait de noblesse et d'apparat :
mais c'est de faire valoir leur prestigieuse jeunesse
que se souciaient les prétendants d'Hélène :
dès l'aube, on s'y croyait au gymnase ;
le tumulte vil de tes prétendants
mimait la clameur qui accueillit Ajax
quand, dans l'étau de ses fortes mains,
il brandissait, contre l'azur encore rose du matin,
le blanc corps impuissant de Teucer.

PÉNÉLOPE

Je me souviens, Ulysse ;
ma vie eut peu d'événements.
Tu aimais Hélène, comme les autres l'aimaient ?

ULYSSE

Mais c'est Pénélope qui vint à Ithaque.

PÉNÉLOPE

Tout cela est lointain, depuis hier ;
dis-moi donc, sans regrets,
comment ta sagesse vainquit ta passion
jusqu'à te retourner vers moi
au moment où mes yeux avouaient mon amour
que tu as compris ?

ULYSSE

J'aimais Hélène comme on aime le soleil ;
mais qu'est-il de plus doux, Pénélope,
que l'ombre attiédie ?
le soleil éclatant embellit l'ombre en la créant :
c'est parce que j'aimais Hélène
que mon choix s'est fixé sur Pénélope.

PÉNÉLOPE

Oui, Hélène a motivé ta vie et ma vie ;
si elle nous unit, c'est elle qui nous a séparés :
nous n'avons eu qu'un printemps de joie.

ULYSSE

De son parfum, nous aurons vécu, Pénélope ;
le mirage qui m'a ramené vers toi
fut l'image réelle de ma jeunesse.

PÉNÉLOPE

Ta haute encolure au cadre de la porte, au matin,
quand, de ma couche, me soulevant,
je suivais, d'un regard encore brumeux de sommeil,
ton départ matinal vers les métairies,
a barré mon seuil et protégé mon foyer ;
mais l'attente fut longue et tumultueuse.

ULYSSE

Nous voici, la main dans la main,
et, du haut de la terrasse,
sous cette nuit sans lune,
les lignes de la vie semblent pareilles ;
et pourtant, dans cette brise dont frémissent les
    palmiers,
on guette un pas, une aile, une parole :
on accepte mal le fait accompli ;
on hésite à dire : Je suis heureux ! quand on a vécu
    d'espoir ;
le but qu'on visait s'efface des yeux quand on l'a
    touché :
c'est quand je bandais l'arc que ma joie débordait !
Ce tumulte que j'éteignis tumultueusement,

dans le massacre et dans la mort,
tu y as vécu, des années, Pénélope ?

PÉNÉLOPE

J'ai bandé mon âme, comme tu bandais ton arc,
Ulysse ;
j'ai vécu d'alertes et d'intrigues,
comme toi, sur les flots et les rivages ;
et maintenant je suis bien heureuse ;
mais je ne reconnais pas la vie :
le calme vigilant des combats fait inquiète la paix
    reconquise.

ULYSSE

Oui, nous sommes pleins d'inquiétude...
d'appréhension, peut-être.

PÉNÉLOPE

Si nous étions faibles, nous connaîtrions la terreur.

ULYSSE

Il nous faut — comme le péril de la route
et, pour toi, comme les embûches du foyer —
affronter encore ce mystère qui nous étonne :
le bonheur qu'on a rejoint
et qu'on étreint comme un fantôme.

PÉNÉLOPE

Courageux Ulysse, douterai-je de la sagesse ?
Il semble que je suis une autre femme
depuis que tu es revenu.

ULYSSE

L'un et l'autre, soudain, nous avons vieilli :
les années, dont notre effort inlassé
— ta passive résistance, ma patiente victoire —
avait suspendu le vol au seuil de notre printemps,
jaillirent, soudain essorées, au-dessus de notre se-
     cond baiser,
et l'été et l'automne sont franchis en un soir...
Confrontons nos cœurs, Pénélope.

PÉNÉLOPE

Parle, car tu scrutes des yeux d'un voyant
l'ombre des jours révolus
et ta sagesse sait parler.

ULYSSE

Tu es triste, Pénélope ?

PÉNÉLOPE

Non, mon seigneur ; je suis inquiète.
Je n'accepte pas la calme joie que j'implorais,

naguère, sous des nuits pareilles,

en regardant la mer qui te ramenait.

ULYSSE

Nos vies, voyageuses d'un char emporté

qu'un arrêt brusque immobilise,

halettent et suffoquent ;

malgré l'élan brisé,

mon être se refuse à descendre du chariot vertigi-
    neux ;

j'ai horreur de brûler la barque aventurière ;

le port me répugne, après trop d'escales...

Et toi,

le bruit de ton cœur incertain

bat encore vers la lutte :

tu chancelles, ayant perdu l'appui de l'obstacle
    effondré.

PÉNÉLOPE

Le désir soutient, tant qu'il reste irréalisé ;

il incitait notre effort.

ULYSSE

Mais l'effort fut notre vie même, tant il a duré...

PÉNÉLOPE

Immobiles vaisseaux,

mais qu'entraîne, à la dérive, un courant vaste
            comme la mer même...

qui sommes-nous, Ulysse ?

Car je ne te reconnais que dans l'ombre,

et je crains d'allumer la lampe.

ULYSSE

Attendrons-nous l'implacable soleil ?

encore...

Devançons l'aube équivoque, pleine du trouble noc-
            turne ;

apporte la lampe.

> Pénélope va prendre la lampe ;
> au moment où sa flamme
> éclaire le portique, Télé-
> maque paraît sur le seuil.

Nous avons beau nous retourner vers les souvenirs

pour retrouver nos visages,

notre fils nous marque, de toute l'ombre de sa stature,

l'espace immatériel qui divise nos vies.

Avance, Télémaque ;

on t'a dit ma folie simulée

et comment, devant le soc dont j'éventrais le sable
    aride,
Mentor déposa ta grâce vagissante et exiguë,
sachant que je détournerais la charrue :
pour me convaincre de sagesse !

TÉLÉMAQUE

Oui, Pénélope me l'a conté.

ULYSSE

Et, cependant, j'ai tracé, de ma proue, un sillon plus
    vain,
dans la mer stérile qui n'en garde pas même la
    trace...
et cela fut le fait de ma sagesse !
et qui parlera de folie ?

PÉNÉLOPE

Il est l'heure, tantôt, du repas, Ulysse ;
je vais veiller aux choses de la maison.

ULYSSE

Heureuse Pénélope que guide l'habitude gracieuse
    des besognes quotidiennes ;
la vie ne m'a pas donné cette compagne.

Pénélope sort.

Et toi, Télémaque, par quoi ta vie fut-elle réglée ?

TÉLÉMAQUE

Je vous ai cherché ; je ne vous ai pas trouvé ;
vous êtes revenu.

ULYSSE

En te regardant, Télémaque,
je n'ai pas, pour te reconnaître, à désapprendre un
    ancien visage ;
tes traits, que je ne pouvais m'imaginer,
ne portent pas le masque d'un souvenir ;
tu m'es moins étranger que tout ceci
que je retrouve, après des années.

TÉLÉMAQUE

Et vous, mon père, à qui j'ai tant songé
que je vous ai prêté maints visages,
aidez-moi à vous connaître.

ULYSSE

Toi aussi, tu es plein de l'inquiétude où tu as
    vécu ;
et, cependant, combien la campagne que nous
    parcourions hier

était paisible et indifférente.

Nulle main brutale n'aura, d'un geste, à la rendre
     au silence,

comme, du vol strident de mes flèches,

étouffant dans la gorge du dernier prétendant

le cri grotesque de son épouvante,

j'éteignis le tumulte scandaleux du palais :

franchi le portail de nos enclos dévastés,

ne te semblait-il pénétrer dans le domaine de
     l'ordre immuable ?

TÉLÉMAQUE

Vous me le disiez ;

et j'admirais, avec vous, la plaine fécondée ;

la victoire verte du maïs

refoulant jusqu'aux tourbières les joncs décimés ;

les vignes montées en conquérantes

aux flancs des collines pierreuses.

ULYSSE

Je ne parlais que des choses nouvelles pour moi,

et que l'Ithaque ancienne n'a pas connues ;

mais, n'as-tu rien observé ?

TÉLÉMAQUE

Hors sa richesse accrue, de saison en saison,
que montre la paisible Ithaque ?

ULYSSE

Cette paix même, dont mon retour trouble la sé-
    curité !
qui, déjà, hors des sillons façonnés du vignoble,
d'entre les panaches joyeux de la maizeraie,
levait vers nous un visage ambigu.
Nos ombres matinales nous devançaient sur la
    route :
j'y lisais un symbole.
Paix humble et patiente, j'ai surpris ton inquiétude :
au seuil des villages, dans l'accueil bourdonnant des
    femmes,
poussant vers nous la troupe soudain silencieuse
des enfants aux grands yeux effrontés ;
relevant, d'une main maternelle au menton,
la gaucherie rougissante des fillettes
aux longs cils baissés vers l'enlacement fébrile de
    leurs doigts.
Les hommes s'attroupaient sur notre passage,

feignant une joie subite et concertée, comme un
      hymne propitiatoire,
et voilant mal, au regard intérieur de ma pensée,
le désarroi de pauvres calculs.

TÉLÉMAQUE

Ulysse, je n'avais rien perçu de ces choses ;
ce peuple paisible et laborieux vit à sa guise, depuis
      des années ;
nos difficultés domestiques
nous serraient autour du foyer menacé :
une pudeur nous isolait ;
à vrai dire, l'éternelle question
— au creux d'un sentier, sur le seuil d'une cabane —
« Ulysse va-t-il revenir ? »
en m'importunant, m'irritait :
j'en fréquentais peu ce peuple interrogateur
que votre retour ne préoccupait
— semblait-il —
qu'à l'égal des pluies ou de la sécheresse.

ULYSSE

Il s'inquiétait du fruit de ses labeurs,
de ses plaines fécondes, ses collines vêtues de pampres ;

souverain du sol, en vais-je reprendre possession ?
quelle part, me revenant, vais-je réclamer
de la richesse qu'il a créée ?
Pour lui,
mon retour peut être comparable à un été sans pluie,
si je suis ménager de mon héritage !
Tu as souri quand les femmes criaient misère,
vantant ma bienfaisance aux enfants, troupe inter-
    dite ;
elles défendaient ce bien-être que l'homme croit
    toujours usurper
sur le droit du maître dont dépend sa destinée.

TÉLÉMAQUE

Ainsi, même notre île est troublée ?
parce qu'elle est prospère et que son roi lui est
    rendu !
Où trouver le bonheur ?

ULYSSE

Il y réside, Télémaque ;
il est né durant notre périple,
d'un travail sans lassitude, d'une ruse sans défail-
    lance :

ce leur fut bon de conquérir la friche,
de refouler les joncs parasites devant l'arroi des maïs ;
de substituer au caprice stérile des cyprès
de beaux ceps dociles ;
ce leur fut encore meilleur
d'empiéter sur les terres domaniales
et d'y fixer, comme une borne fictive,
leur droit décennaire d'occupants.
Ta mère avait d'autres soucis que de veiller aux
    bornages ;
le silence de nos métayers sans appui se faisait com-
    plice ;
devant le gaspillage du patrimoine et l'incertitude
    de la succession,
dont cent prétendants s'arrogeaient la survie,
qui songeait au droit éventuel du maître ?
les absents ont tort ; mais leur retour est impardon-
    nable...
Voici Pénélope.

PÉNÉLOPE

Mon seigneur, l'agora des vignerons est appelé ;
ils attendent votre justice.

ULYSSE

Elle sera, s'il dépend de moi, brève et, en tout cas,
     bénigne.
Pour ne pas perdre une heure ouvrable,
ils disposent de ma soirée !

PÉNÉLOPE

On servira le repas dès votre retour.

Ulysse sort.

TÉLÉMAQUE

Ma mère, que vous êtes pâle et frêle ;
pour vous asservir la force que vous m'avez donnée,
j'aimerais vous prendre dans mes bras
et vous bercer, comme vous me berciez enfant,
et vous endormir avec un conte de bonheur.

PÉNÉLOPE

Grand enfant !
Quel conte plus merveilleux que celui que nous
     vivons, ce soir ?
il m'éblouit d'images heurtées :
j'en confonds les lieux, les personnages, les années.
Quand, debout près d'Ulysse,
tu lui présentais, l'une après l'autre,

les cent flèches implacables,
j'aurais voulu — comment te le dirai-je ? —
qu'une dernière, hélas ! égarât son vol vers ma poi-
    trine ;
tant la rupture soudaine de l'ordre des journées
bouleverse notre âme et étourdit notre raison.

TÉLÉMAQUE

Tout sera donc douleur pour vous, mère aimée ?

PÉNÉLOPE

Non, j'en souris : tu vois ?
mais ma volonté défaillit quand je n'eus plus à vou-
    loir,
et que le maître, debout au péristyle ensanglanté,
me saisit la main et inclina ses lèvres vers mon front.

TÉLÉMAQUE

Parle, mère, dis ton chagrin ;
te souvient-il que, tout enfant,
je pris ta défense contre l'eupithiade Antinoüs
qui, le premier, avait osé franchir le seuil d'Ulysse ?

PÉNÉLOPE

Oui, c'est de concert que nous convoquions ses
    rivaux,

pour nous abriter de l'ardeur même de leur riva-
lité.

TÉLÉMAQUE

Que d'embûches évitées, de stratagèmes déjoués :
comme on les opposait les uns aux autres,
et comme nous riions, le soir, du succès de nos
      menées !

PÉNÉLOPE

Ce fut triste et doux, mon enfant de naguère ;
tu te tenais, sérieux, à mes côtés,
à l'âge insoucieux des jeux et des randonnées ;
je pleurais, d'abord, à voix haute, étant seule ;
mais ta parole, encore balbutiante, mêlée à ma
      plainte,
l'atténuait, bientôt, d'une sagesse enfantine et mâle,
claire chanson de ton amour raisonnable
que j'écoutais, dès lors, comme un oracle.

TÉLÉMAQUE

Mère, j'étais vieux de toutes vos tristesses ;
je n'ai rêvé, pendant des nuits sans sommeil,
— où je guettais un pas insolite sur le seuil —

qu'au bonheur que vous devait ce lendemain
dont, chaque soir, nous invoquions l'aurore.

PÉNÉLOPE

Ce jour du retour, nous le vivons, Télémaque.

TÉLÉMAQUE

Ah ! qu'il éclaira tristement votre visage,
toujours tel qu'il se penchait sur mon berceau
et que je le regardais à travers mes cils,
pour que, me croyant endormi,
tu demeurasses longtemps immobile.

PÉNÉLOPE

Mon fils, ces meilleures heures je les ai vécues
à bercer ton avenir
que j'auréolais du sourire des déesses ;
tu me fus, dans l'attente interminable,
le long poème qu'on se redit de mémoire,
la belle légende qu'on se chantonne à mi-voix
au lent rythme de l'heure inopportune ;
tes années, saisons à saisons,
se développaient devant mes yeux émerveillés,
parchemin déroulé de l'aède
qu'enlumine l'exploit des demi-dieux et des héros.

Et, comme tu changeais, d'année en année !
comme toute chose t'était nouvelle et, pour moi,
    renouvelée !
Sans toi, la monotonie de cette vie enclose
eût terni, comme d'une poussière, mon rêve immo-
    bile.

TÉLÉMAQUE

Mais, ce soir, ma mère, qu'est-il survenu ?

PÉNÉLOPE

Rien... qu'un aveu que je redoutais ;
il aimait Hélène : il ne l'a pas nié.

TÉLÉMAQUE

O mère, mère hautaine !
Quand je l'ai vue, blonde et rose contre les cyprès,
cueillir, en se dressant, les roses penchées,
blanchir, à poignées de pétales effeuillés,
la barbe grise de Ménélas et, riant,
esquiver son étreinte, encore, de fiancé...
je me suis retourné, pensif, vers Ithaque
et je revoyais ta fière majesté,
ma mère, et la couronne hautaine de ta chevelure
aux reflets bleus, contre le mur du palais :

et j'étais orgueilleux d'être ton fils.
Comme ta tristesse grave m'ennoblissait
au contraste de cette joie futile et indue ;
et je t'en aimais, s'il se peut, davantage,
ma mère silencieuse et pensive,
pour avoir vu ce rire
de la fille insouciante de Tyndare.

PÉNÉLOPE

Mon noble enfant !

TÉLÉMAQUE

Mais il m'est dur, au jour du triomphe
où tout se réalise du rêve des années,
au grand jour espéré de ce retour d'Ulysse,
de te voir pâle comme un crépuscule d'automne,
et que tu pleures, ma mère, quand Hélène riait.

PÉNÉLOPE

Ton père !...
Son pas surprend dans le silence nouveau du palais.

TÉLÉMAQUE

C'est l'heure où, debout près de toi et la main sur
mon poignard,

nous écoutions, du seuil du gynécée,
des chants croisés de rires et d'injures.

PÉNÉLOPE

Ulysse est revenu !...
Sois prudent et sage :
le sort nous doit quelque bonheur insoupçonné.

II

Comme Ulysse est joyeux !

Gaieté feinte ; il s'étourdit.

Quels bavards que tes vignerons d'Ithaque, Péné-
    lope ;
je me sens rajeuni et vieilli, tout ensemble,
assumant, après vingt années, mon rôle de roi.
Les durs matelots que j'emmenais vers Ilion
— qu'ils dorment, chacun oublieux à jamais,
soit que la mer l'ait saisi,
soit que l'étreinte le lie des bras blancs d'Ionie

ou des bronzes voluptueux de Sicile —
ils eussent ri dans le vent et craché
devant qui eût parlé de, féconder le sol inculte
dont ceux-ci auront fait un jardin.

Les servantes vont et viennent
sous la direction de Pénélope.

PÉNÉLOPE

Je vous servirai, mon seigneur.

ULYSSE

Prenons place, Télémaque.

TÉLÉMAQUE

Il y eut de mauvaises années ; la mer se faisait
    stérile ;
certains, venus de la grande terre, plantaient la
    vigne et prospéraient ;
on dédaigna les maigres moissons marines ;
aux filets vides on préféra les boisseaux débordants
et, à l'eau saumâtre, le ressac bouillonnant des
    cuvées.

ULYSSE

Emplis le cratère, Pénélope, du vin d'Ithaque :
nous n'y buvions, jadis, que l'eau des rochers !

TÉLÉMAQUE

C'est du rocher que ce vin emprunte son ardeur :
tous vendangent et moissonnent dans Ithaque ;
on n'accueille qu'avec méfiance ceux qui maîtrisent
    les vagues,
si ce n'est pour leur confier, aux fins d'échanges,
nos amphores revêtues de paille tressée
et qu'on range, deux à deux, au creux des carènes.

ULYSSE

Tout cela est nouveau pour Ulysse :
on ne revient jamais vers le même rivage.

TÉLÉMAQUE

Mais que réclamaient-ils de votre justice ?

ULYSSE

La confirmation des droits contestables
qui les font maîtres des terres défrichées :
j'ai tout accordé :
pensaient-ils que je les dépouillerais du fruit de
    vingt automnes ?
que je fêterais mon retour dans la ruine de mon
    peuple ?

PÉNÉLOPE, emplissant les coupes ; à part.

Il est assez de ruines.

ULYSSE

Car il n'y eut qu'une Pénélope dans Ithaque,
comme il n'y est revenu qu'un Ulysse...
Les Télémaques des granges et des celliers,
les fils de ceux que j'emmenais vers Ilion,
comprennent   mieux   l'ordre   protecteur   d'un
    foyer :
ils ont voulu qu'on proclamât en déshérence
l'héritage de l'absent de vingt années.

TÉLÉMAQUE

Vous n'avez pas proclamé cela, mon père ?

ULYSSE

Oui, cela est juste et utile
— seules les mères ont pleuré —
et je me donnai en exemple :
annonçant que le palais, les porcheries, l'enclos
et toutes les terres encore incultes d'Ithaque,
appartenaient à Télémaque, fils d'Ulysse,
par la volonté de celui-ci.

TÉLÉMAQUE

Mon père, je vous connais mal, encore, peut-être,
mais pourquoi plaisantez-vous de la sorte ?

ULYSSE

Emplis, Télémaque, ma coupe au cratère :
tu me dois la subsistance, comme à ta mère Péné-
    lope :
la loi ne doit-elle être égale pour tous, désormais ?
Si nous nous sentons dépaysés parmi les humains,
tâchons de garder claire notre intelligence divine :
à moins d'abandonner aux hommes le soin de leur
    destinée,
voyons avec des yeux humains les choses humaines.
C'est une sagesse tardive chez qui revient de Troie !

TÉLÉMAQUE

Mon père, que je comprenne mieux votre leçon sou-
    riante.

ULYSSE

Un sourire n'efface pas vingt années de folie, hélas !
Télémaque, Télémaque,
le bonheur est moyen, médiocre et tel
que — te le dirai-je ? — la race hybride des héros,

née de la race bâtarde des demi-dieux,
en ignore, quoiqu'elle la recherche, la précaire
     jouissance.
Il faut être homme, fils d'homme né de la femme,
pour créer le bonheur et en user.
Trop de sang divin abonde en nos veines mortelles
et l'orgueil des dieux, nos ancêtres, nous rend inca-
     pables de médiocrité.
Tu as vu Nestor, à Pylos ?

TÉLÉMAQUE

Je l'ai vu, entouré de fils et de petits-fils innom-
     brables,
roi d'un peuple industrieux et prolifique ;
que vous en dirais-je ?

ULYSSE

Mais quoi ? ton impression de l'accueil ?
le rayonnement de sa présence, sa sagesse ?

TÉLÉMAQUE

Je m'avouerai, maintenant, ma gêne devant ce
     vieillard
et le découragement qui m'envahit à l'écouter ;

le simple étalage de son bonheur domestique
m'irritait, comme un reproche qu'il n'eût osé vous
    faire ;
ses richesses accumulées narguaient-elles la misère
    d'Ithaque ?
Je refoulai au fond de moi, comme peu dignes, ces
    pensées ;
à contre-cœur, mais de bonne foi, je me forçai
    d'admirer
une discipline méticuleuse et contrainte,
l'économie vertueuse d'une table hospitalière,
les robes sombres des femmes silencieuses,
la parole incontestée du sage...

ULYSSE

Pauvre enfant ! n'aie pas honte de ces pensées :
ce n'est pas sans quelque bassesse, Télémaque,
que se réalise une telle destinée ;
admirable pour les hommes, elle répugne aux dieux
    suprêmes
dont fermente en nous l'éternelle ivresse.
Considère le glissement de cette race,
des cimes de l'Olympe jusqu'aux varennes de Pylos :

race sans orgueil, vaniteuse et vantarde,
qui n'a survécu que de lâcheté servile,
issue des dieux, mais qui, dans sa chute incessante,
a rejoint les hommes dont elle usurpe le bonheur ;
elle s'est fait une sagesse humble et précise ;
oubliée de l'Olympe,
elle prospère, victorieuse de ses origines,
nourrissant sa prospérité de la déchéance même de
    son orgueil.
Gardons-nous de mépriser les humains pitoyables,
mais — dusses-tu voiler tes regards de larmes cui-
    santes —
détourne-toi d'un bonheur où s'étiole et se dessèche
la semence abâtardie des demi-dieux et des héros.

Ils se lèvent et font
quelques pas.

TÉLÉMAQUE

Ce sont de terribles paroles ;
mais il me semble, mon père, que je les aurais
    dites !

ULYSSE

Tu as cru ne me chercher que pour me ramener à
    Ithaque ?

TÉLÉMAQUE

Je voulais vous retrouver...

ULYSSE

Oui,

mais c'est l'aventure qui te tentait, Télémaque ;

et c'est ma destinée que tu voulais rejoindre.

TÉLÉMAQUE

Et, maintenant, saurais-je même la comprendre ?...

Ils s'assoient sur la
marche.

ULYSSE

Écoute ta pensée :

elle est en nous comme une déesse discrète

qui, curieuse de notre folie, hésite à s'en écarter ;

mais elle ne parle que dans le silence de nos doutes :

elle hait de contredire

et se tait devant l'affirmation.

PÉNÉLOPE, qui a veillé à la desserte du repas,
s'approchant.

Puis-je me retirer, mon seigneur ?

Il est tard ; et vous causez ?

ULYSSE, levant la tête vers elle.

Nous aurons affaire dans les bouveries, tantôt ;

il est peu de sommeil pour l'œil du maître !
Soyez sans inquiétude, Pénélope :
vous n'êtes plus seule, désormais.

PÉNÉLOPE

A demain, mon seigneur ;
bonne nuit, mon fils bien-aimé.

TÉLÉMAQUE, se levant.

Ma mère, quand nous partagions le repas,
parfois, vous m'avez servi, debout et sans parler ;
ayant dit : « Je me figurerai que je sers Ulysse. »
Ce soir, le vin d'Ithaque
(dont vous ne vouliez pas que je goûtasse)
me met un voile rose devant les yeux ;
et, pourtant, je vous vois pâle et peinée.

ULYSSE, se levant.

Enfantillage, ta mère a sommeil.

TÉLÉMAQUE

Ulysse, Pénélope,
il semble que je tremble entre vous
comme l'ombre lumineuse de votre printemps,
et que, de vos regards qui s'évitent,

vous cherchiez sur mes lèvres
le jeune sourire des vôtres que vous confondiez,
    jadis,
en ce baiser dont je suis la survie.
Ne puis-je parler, pour vous qui vous taisez ?
étant vous-mêmes, et l'un et l'autre,
et tel qu'en moi le temps vous lie et vous confond ;
voyez ; il n'aura pu vous arracher l'un de l'autre,
vous n'êtes qu'un être !
Quand Ulysse, encore, affronterait les tempêtes
    lointaines,
et que, détournée vers la cendre accumulée du foyer,
Pénélope chercherait, encore, parmi sa flamme
    rejaillie
et dans le sifflement d'un bois vert qu'on y jette
la chaude vision du printemps en allé ;
je sentirais, en *moi*, sa tendre pensée,
en *moi*, Ulysse, battrait ton cœur aventureux et
    fidèle.
Or — que le vin d'Ithaque délie ma langue,
ou que s'éveille, entre mes dents, le cri des dieux
    ancestraux —
je suis ivre de paroles refoulées ;

le mutisme de vos cœurs, en moi, éclate et chante,
et c'est votre amour qui abonde sur mes lèvres trem-
    blantes.

ULYSSE

Télémaque !

PÉNÉLOPE

Tais-toi, mon fils !

TÉLÉMAQUE

Ne vous ai-je pas considérés, mes pauvres aimés ?
qui tourniez, sans vous rejoindre, autour des por-
    tiques ?

Il leur prend la main.

Et, maintenant, vous voilà proches l'un de l'autre :
ne suffira-t-il pas que Télémaque s'efface
pour que vous vous retrouviez ?
Il semble que celui que je fus longtemps
— que, peu à peu, j'étais devenu :
votre souvenir, Ulysse, le gardien, bientôt, de votre
    foyer,
frêle et hautain et viril et qui en défendit l'accès —
s'abolisse, maintenant...
comme l'heure attendue,

comme un effort réalisé,

un geste, une parole

alors que le bras retombé va souligner une autre
      pensée

et que la voix hésitante assume une autre intonation.

Il avance, abandonnant leurs
mains ; eux se détournent
l'un de l'autre.

Il jaillit en moi, comme d'une vanne soudain levée,

une force chantante et ivre, longtemps refrénée,

et qui, pour avoir sommeillé sous les saules de
      l'étang

et reflété le ciel agile des jours et des saisons,

se refuse d'être à jamais le miroir d'un rêve !

a hâte du vertige bouillonnant des ravins,

de l'obstacle, enfin ! des rocs retentissants,

du mystère intérieur et trouble des précipices

qui la pousse, écumante et ivre, vers la mer sans
      limites...

ULYSSE

Ton ardeur eût fait honte à ma jeunesse ;

je ne te connaissais pas, Télémaque !

TÉLÉMAQUE

Votre retour, Ulysse, me révèle à moi-même,
me libère et me chasse du foyer ;
il est une rumeur dans votre voix qui trouble et
    exalte ;
vos exploits vivent en moi et exhalent un tumulte
    moral ;
vous m'êtes apparu comme un archer divin,
votre force m'enveloppa d'un parfum de carnage ;
votre parole fine et claire m'a dévêtu de mon men-
    songe :
comme votre épée, dénudant Achille,
lui fit honte et gloire de sa jeune virilité !...

> Il détourne la tête et s'appuie
> à une colonne. Long silence.
> Une légère rumeur s'entend
> vers le péristyle. Pénélope
> s'est enquise auprès des ser-
> vantes.

ULYSSE

Qu'est-ce, Pénélope ?

PÉNÉLOPE

Aclète, le vigneron, fait dire simplement qu'il est là.

ULYSSE, à la servante.

Je comprends ; qu'il attende.

PÉNÉLOPE, à Télémaque.

Comme tu es fiévreux, mon enfant !
ne t'endors pas trop tard.
Permettez-moi de me retirer, mon seigneur.

ULYSSE

Allez sans souci, Pénélope.

Elle sort.

Télémaque, ceci vient à point :
des barques m'étaient signalées, depuis hier, d'Aïtos ;
vagabonds de la mer, ou vengeurs d'un de ces intrus
qui m'ont servi de cible,
on prévoyait un débarquement de nuit vers Phoscys ;
j'avais donné l'ordre de m'avertir de leurs mouve-
    ments.
Télémaque, voici un peu de ma vieille aventure :
jetons-nous dans la nuit, elle me fut toujours propice ;
que je t'initie aux ruses victorieuses ;
c'est peu de chose, mais tout est prétexte
aux jeux de l'adresse et du courage.
Il s'agit toujours de l'emporter sans coup férir :

j'ai tendu, savamment, une embûche ;
prends, néanmoins, ta lance :
sortons sans bruit...

Ils sortent.

PÉNÉLOPE, entrant.

Ils sont partis, tous deux, à pas secrets ;
ils avaient la lance au poing, le bouclier au poignet.

. . . .

Dans l'ivresse de se connaître, ils oublient, l'un et
     l'autre, Pénélope...
Mon fils me sera-t-il ravi ?
et serai-je plus seule à mon foyer,
maintenant que nul n'y manque
... que ma volonté inutile ?
Ulysse, Ulysse, ne reviendras-tu jamais ?
... qui sait ?

Plaçant la lampe.

J'attendrai, encore, le retour d'Ulysse ;
voici la lampe vigilante, encore, au linteau ;
et Pénélope assise au seuil de l'ombre...

Elle s'assoit sur la couche.

Comme la nuit est pure et parfumée !

Du grand semis de l'Ouranos, comme d'une prairie
  divine,
descend, en effluve, l'odorante ivresse
des fleurs irréelles que l'on cueille en songe...
Que je suis lasse d'attendre...

> Elle laisse aller sa tête au
> creux de son coude et
> s'endort.

III

A Pénélope, qui repose sur la couche, Télégonos, nimbé
de lumière, apparaît.

PÉNÉLOPE

Ne t'évanouis pas encore, ma vision !

L'aube est lointaine : j'ai droit aux nuits immor-
telles.

La divine lueur, qui affleure sur ta joue et sur ton
front,

n'est-ce l'aurore de jadis,

dans Sparte maternelle, au seuil d'Icarios,

quand, souriant, tu te retournas,

quêtant le premier baiser ?

Cent fois, tu es revenu dans Ithaque,
Ulysse, mensonger Ulysse, Ulysse immortel !
Tes boucles blondes s'emmêlaient à la barbe cui-
    vrée,
là, sur ma joue, et glissaient
vers l'accueil frémissant de ma poitrine.

Penses-tu que je fus, une heure, infidèle ?
Mes jours s'étourdissaient du rêve que je revivais
à refermer les yeux au-dessus des jasmins.

Rien ne te ressemblait, Ulysse, que ton souvenir ;
et, du haut seuil de la chambre haute, entre les
    servantes,
regardant, sous moi, la horde attablée des préten-
    dants,
mes yeux allaient, en souriant, de l'un à l'autre
    visage,
les comparant au tien pour attiser ma joie ;
et mon mépris éclatait en un rire de victoire
de tout le jeune émoi qui s'élevait en hommage
vers Pénélope !

Car j'y mirais, Ulysse, ma beauté,
comme en un miroir complice de ton amour.

Reste ! que je m'éveille lentement
— comme hier, comme demain. —
Un coq a chanté ?
Mais qui es-tu ? l'aube pâlit et tu ne t'es pas éva-
    noui !
Vais-je conquérir les jours ? moi, reine des nuits
    sans angoisses ?

TÉLÉGONOS, s'avançant.

Pénélope !

PÉNÉLOPE

… La voix d'Ulysse !…
Qui es-tu ? parle encore !

TÉLÉGONOS

Je vous ai reconnue, Pénélope :
« Un nuage bleu de nuit entoure sa pâleur », disait-il.
« Elle est la Séléné des nuits d'Ithaque,
« quand, relevant son voile,
« elle cache son regard, soudain réservé. »

PÉNÉLOPE, se voilant.

Qui es-tu ? J'ai rêvé... je rêve...

TÉLÉGONOS

Je suis Télégonos ; je viens chercher Ulysse.

PÉNÉLOPE

Tu es le fantôme de sa jeunesse,
l'hôte familier de mes rêves !
Viens-tu, debout sur le seuil de mon palais,
dire l'adieu suprême à celle que tu vas quitter ?
Mes songes, aussi, seront-ils déserts ?
Et, parce qu'un autre Ulysse est revenu dans Ithaque,
t'en iras-tu, mon rêve, vers le hadès, sans moi...
    Ah !...

           Elle s'évanouit avec un cri ; la servante accourt.

LA SERVANTE

Le joyeux temps des prétendants est passé, jeune
    seigneur ;
Le maître dur et juste, au geste implacable,
en a chassé d'aussi galants que toi chez Pluton :
Nous avons lavé, à grand'eau, la grand'salle,
rouge, hélas ! d'un jeune sang téméraire ;
nous cachions nos larmes.

Il serait triste que ces blonds cheveux, dont ta mère
    est jalouse,
aillent traînant, noircis et raidis, sur les dalles écla-
    tantes ;
Va-t'en !
Nous ne voulons pas te dénoncer aux hommes sans
    pitié ;
Et, bien que Télémaque ait pendu les douze impu-
    diques,
ce ne sera pas une faute que de sauver ta belle jeu-
    nesse,
par un avis permis aux femmes chastes :
sourire qu'on jette par delà les roses de la haie
en aumône d'amour à la beauté...
Partez, jeune Étranger ; car Ulysse est terrible !
J'entends des pas sur le gravier criard...
Fuyez !... Venez !...

Elle s'échappe en l'entraînant.

TÉLÉMAQUE, entrant.

Rien n'accueille plus sur le seuil désert du palais :
le vieil Argus est mort, lui aussi, du retour de son
    maître ;

et la maison retentissante de cris, de chants et de
    rires,
n'est plus même sonore de ce pauvre jappement !
Même le petit amour qu'un chien met à vos pieds
    qui le repoussent,
on ne le connaît que lorsqu'il vient à manquer...

                 Se retournant vers Ulysse qui entre.

Mon père, l'heure est matinale
et votre blessure, bien que légère, réclame ce repos
que vous conseille une nuit sans sommeil ;
étendez-vous sur la couche du portique :
Pénélope dort encore, et la maison
n'étirera que tantôt, dans un bâillement sonore,
le geste de ses vantaux, vers l'aube indécise.

ULYSSE

C'est à peine si ce fer m'a effleuré, regarde !
Il a eu beau regagner le rivage ;
à sa barque échouée la mer refuse un abri :
On en fera justice au grand jour.

TÉLÉMAQUE

Quelle nuit fuligineuse !
Quel brouillard insolite sur la mer !

ULYSSE

Et quels pauvres guerriers que tes planteurs de vigne !
Ce fut une assez triste équipée, Télémaque ;
je suis las d'avoir manqué de malice :
Je vais saisir un repos bien indu.

TÉLÉMAQUE

Mon père, énervé de la course, je suis sans som-
    meil ;
il est bon — j'y pense — que les bouviers, en s'éti-
    rant,
trouvent les mangeoires pleines et les râteaux garnis
et sachent que le maître fut matinal.

> Il sort ; Ulysse, s'approchant de la
> couche, sur le point de s'y étendre,
> aperçoit Pénélope, évanouie.

ULYSSE

Tu m'attendais, encore ! veilleuse patiente et fidèle ;
Tu t'es endormie, vaincue par la lassitude ;
ta lampe veille encore, exténuée !
petite fleur pâle dans l'aube déjà claire,
dors aussi, veilleuse vaillante et inutile !

> Il souffle la lampe et s'allonge
> aux pieds de Pénélope.

PÉNÉLOPE

s'éveillant, aperçoit Ulysse à ses pieds.

Quelle majesté enveloppe son sommeil !

Le rêve étrange que j'ai fait...

Sa beauté transparaît encore sous la résille des
    rides ;

il est tout hâlé par les tempêtes

et ses boucles blondes sont comme rouillées...

il sourit...

A mi-voix.

Ulysse !

ULYSSE, immobile.

Qui m'appelle d'une voix oubliée ?

Je rêve : cette voix... ah ! c'est de l'île enchantée !

L'antique allée des chênes, leur parfum ;

l'éblouissement, soudain, du palais ;

et la Voix — cette voix qui chantait

l'appel immortel de l'amour [1].

Qui n'a qu'un désir en gouverne sa destinée,

mais ne sait se prêter à la vie :

---

1. Première indication du rythme anapestique qui entraînera la
finale :

la volonté, close comme une ville altière et superbe,
repousse l'assaut,
mais ne peut accueillir la fortune...

PÉNÉLOPE

Que tout est triste dans Ithaque !
Que dit-il ?
Mais que mon songe fut beau !

Elle se redresse et sort en
courant.

TÉLÉGONOS, apparaissant, lumineux, se penche sur Ulysse.

Ulysse !

ULYSSE, se soulevant.

La Voix encore...
... Beau jeune homme, je connais la lumière de ton
    visage :
penché sur un métier divin,
il s'éclairait du reflet d'or de la toile
qui s'y tissait pour la chair rayonnante des immor-
    tels
dont j'ai baisé, hélas ! le parfum.
Ton sourire, je l'ai cueilli aux lèvres de la déesse
quand, menacée de mon glaive, elle a cédé,

couvrant sa nudité frêle d'un serment infrangible
et m'invitant à la joie.

TÉLÉGONOS

Ulysse volontaire, qu'es-tu venu faire à Ithaque ?

ULYSSE

Je te parle comme à mon rêve, beau rayon ;
je ne sais maintenant que dire :
et, de ces mots habiles à convaincre Circé,
énumérant les raisons de mon retour,
je n'en retrouverais plus un, désormais.
Tout est clair quand le but est devant soi ;
mais quand on dépasse le stade,
emporté par la course qu'on a gagnée,
la pensée, qu'étourdissait l'effort, se fait complexe,
doute d'elle-même : se connaissant, elle hésite
et se nourrit d'une science soudaine,
si lourde qu'elle en défaille :
je suis las de sagesse...

TÉLÉGONOS

Tu as cherché le bonheur, Ulysse,
toi, le plus malheureux des hommes.

ULYSSE

Je l'ai cherché et je l'ai trouvé ;
mais ailleurs, et pour d'autres.
De l'effort de ma vie évertuée,
je n'ai créé que tristesse et malheur
pour moi et les miens ;
mais je regarde sans horreur ma pensée
et de la comprendre m'est presque une joie.

TÉLÉGONOS

Cette joie, on te l'offrait.

ULYSSE

Je me devais à d'autres.

TÉLÉGONOS

Et comment as-tu payé ta dette ?

ULYSSE

J'ai détruit, par mon retour obstiné, l'œuvre fortuite
        des années ;
j'ai brisé, aux cœurs les plus nobles,
ces frêles étais du verger humain : le désir et
        l'espoir ;

j'ai célébré, dans le sang, de secondes fiançailles
>   moroses ;
peut-être, autour de moi, ai-je tué plus d'illusions
que je ne fichai de flèches dans la gorge des intrus
>   téméraires ;
j'ai mis autant d'ombre aux cœurs qui battaient
>   pour moi seul
que de deuils dans dix villes et cent bourgades ;
j'ai foulé dans leur sève sanglante maintes fleurs de
>   jeunesse :
et j'ai tué, deux fois, la mienne...

TÉLÉGONOS

Ulysse, le plus malheureux des hommes,
n'as-tu pas désespéré ?

ULYSSE

J'ai compris : je me résignai, ayant choisi ;
mais qui compensera l'angoisse des miens ?
de celle qui m'a livré sa lèvre naïve ?
de celui qui naquit de notre baiser ?

TÉLÉGONOS

Ne t'appelle-t-on pas le Sage Ulysse ?

ULYSSE

Hélas !

Il se laisse retomber sur la
couche ; Télégonos se retire,
inaperçu de Télémaque et de
Pénélope qui entrent.

TÉLÉMAQUE

Ulysse dort encore ; mais n'ayez souci de cette égra-
tignure.

PÉNÉLOPE

Il rêve ; ne troublons pas son rêve... hélas !

TÉLÉMAQUE

Vous souriez, ma mère ;
votre visage s'éclaire comme le ciel au matin
quand l'aurore, écartant la nuit,
se penche, en riant, vers la vie [1].

La première roseur du jour envahit le
portique.

PÉNÉLOPE

Le dieu blond s'en revient ; ce portique,
alangui des parfums de la nuit, frissonne, déjà, de
clarté [1].

____

1. ‿ — ‿‿ — ‿‿ —

TÉLÉMAQUE

La veille présage mal son lendemain :
C'est en vous qu'il fit beau, mère souriante,
dès que vous eûtes rejeté, comme un voile, le souci
    de la nuit ;
vous m'êtes apparue, tantôt,
comme la belle matinée surgie des brouillards du
    matin.

PÉNÉLOPE

Oui,
je ne sais quelle folie, vin d'ivresse, envahit ma
    pensée ;
qui rêva son rêve réel a franchi le seuil de la vie !
L'impossible joie m'a souri, hors d'un songe ancien :
je n'ai souvenir que de son visage,
il sourit, à jamais, sur mes lèvres...
Mais, puisque Ulysse dort encore,
j'irai jusqu'aux sources, m'en reviendrai par le
    verger.

                    Elle sort en chantant.

ULYSSE

... la Voix !...

                    Il se soulève.

La vision m'a quitté ?... Ma blessure s'enfièvre :
je me croyais dans Aaïé...
J'écoutais la voix de Circé chanter le reproche de
    la joie.

TÉLÉMAQUE

Dites-moi votre rêve, mon père ; qui est Circé ?

ULYSSE

Je te dirai mieux, je te dirai l'aventure même :
entre mille autres, elle me hante, elle m'habite.
Je n'en compris la leçon qu'en ce rêve, tantôt,
dont le parfum m'enveloppe encore d'un présage
    immortel.

Quand Eurylocos revint seul, plein d'effroi,
je jetai, sur mon épaule, la plus lourde épée ;
abandonnant aux poltrons la garde solitaire du
    vaisseau,
je pénétrai, le cœur ivre, sous la chênaie colossale ;
elle s'ordonna, bientôt, en allée
et, là-bas, sous l'arceau des arbres extrêmes,
contre le ciel, au faîte d'une colline,

les blanches demeures de la déesse m'appelaient
     d'un rire !

Le soleil tombait ; et le tronc des arbres était san-
     glant,
comme lorsque les leveurs de liège ont écorché la
     forêt ;
mais il faisait nuit depuis longtemps
que, debout sur la marche suprême,
j'écoutais encore la Voix sans égale
et ma vie était pleine,
car mon âme s'ouvrait à la mesure de sa joie.

Ne vais-je te pousser vers Aaïé,
ô mon fils ! t'y chasser de mon souffle suprême ?
vers ce seuil où trébuche l'aventure
où la chair se dépouille pour se vêtir de lumière...

TÉLÉMAQUE, se dressant.

Oh !... vos paroles sont un chœur qui m'entraîne,
sont un vin qui enivre et m'assoiffe !
Parlez encore, ô mon père.

ULYSSE

Là, Circé, la fille d'Apollon, au héros né des dieux
restitue la joie :
d'un baiser elle embrase en ses veines
ce sang de déesse ou de dieu que fige tout bonheur
    mortel.

TÉLÉMAQUE

Tu l'as connue, Ulysse ?
T'a-t-elle vêtu de la robe des dieux ?

ULYSSE

Non ;
brutal, j'ai violé sa couche ; j'ai refusé sa joie ;
obstinément vers Ithaque — elle en pleura — j'ai
    tendu ma voile ;
volontaire qui s'est cru un sage et revient comme
    une ombre
vers l'ombre ironique du bonheur.

TÉLÉMAQUE

O mon père !

ULYSSE

Mais toi ! prends la mer :

Circé, sur le haut promontoire, te guette, proie
    sacrée de la joie ;
elle change les humains en pourceaux,
croient-ils ! mais les a-t-elle changés ?
Or ceux-là dont les veines abondent d'un sang sur-
    humain,
elle les vêt d'une chair immortelle :
son baiser efface à leur front le signe banal de la
    Ker ;
par elle, Télémaque,
seul des hommes, j'abordai le hadès interdit ;
elle m'en montra l'horrible ténèbre
pour effarer mon âme aveugle, butée vers la nuit ;
j'ai vu, et n'ai pas défailli, les ombres que j'irai
    rejoindre.
J'ai vu ma mère, Anticléa...
Ah ! toi, retourne vers l'Ouranos, fils,
fils du dernier mortel de ma race.

Ulysse se laisse retomber sur la
couche ; Télémaque se pen-
che sur lui, sans voir Télégo-
nos qui entre aperçu d'Ulysse.

ULYSSE, à Télégonos.

Beau rayon, or céleste au bord éclatant d'un nuage,
éclaire et nourris ma pensée...

Ulysse referme les yeux.

TÉLÉGONOS

Oui, ferme les yeux, Ulysse, c'est la seule sagesse ;
je n'ai compris la vie humaine
qu'en lisant, tantôt, vos rêves divins
à travers vos paupières closes :
ils parfument vos jours monotones
d'une goutte d'éternelle ambroisie,
ils nourrissent d'un nectar de feu votre pensée obs-
    cure ;
car l'homme n'entrevoit l'infini qu'en refermant
    ses yeux.

TÉLÉMAQUE, qui a écouté, interdit.

Qui es-tu, jeune homme lumineux ?

TÉLÉGONOS

Frère, j'ai grandi dans la maison divine
        où les jours et les nuits
se chassent et se fondent en leurs jeux
        comme les ombres et les rayons de juin,

quand les grands nuages courent sur le ciel d'été.
Hors ce que j'ai lu en vos âmes,
      je ne sais rien des choses humaines,
que le nom qui fait pleurer ma mère :
Ulysse !
quand, ayant chanté, elle s'est tue,
et, relevant la tête, elle regarde la mer
      par delà le métier immobile.
Parfois, elle redit vos doux noms :
Ulysse, Pénélope, Télémaque...
« Ne seront-ils pas immortels ? » dit-elle.
Je viens chercher Ulysse.

ULYSSE, se dressant sur son séant.

Je suis prêt ! penses-tu ma sagesse en défaut ?
Penses-tu que — surgies du brouillard de la mer,
      et dans la nuit froide et lourde —
je n'aie pas senti, tantôt, au toucher de ta lance,
      que m'effleuraient la Ker et la Mort ?
Penses-tu que, du seuil dévasté de mon palais morose,
regardant, hier encore,
      le bonheur de la plaine au travail innom-
        brable,

et ce geste d'un pampre en la brise,
je n'aie tout compris de la vie humaine et du des-
    tin des dieux ?
N'est-ce de la mer et de moi
       que devait jaillir, prophétique Circé,
le signe prédit de ma fin ?
Beau messager, qui m'as fui dans la nuit,
       n'as-tu jailli de la mer ?
Tu es le fils de sa divine joie
       dont mes bras de chair furent indignes !

TÉLÉMAQUE

Tu veux repartir, ô mon père ?

ULYSSE

Je vais mourir, Télémaque :
écoute ton droit à la vie.
En toi, par ta mère, Pénélope, et par moi, aboutit,
    deux fois,
le sang sept fois engendré de deux races divines :
depuis que la gloire d'Iapétos éblouit Clymène
et que la splendeur de Zeus s'est alourdie sur Tay-
    gète :

Car, de Lacédémon, leur fils, et de Sparta, naquit
    Amyclas,
lequel engendra Kytornas, le père d'Oébalos ;
de qui, et de Gorgophoné, fille d'Andromède au
    beau corps,
naquit le sage Icarios, le père de ta mère, Pénélope.

Or de la force d'Iapétos jaillit l'invincible Prome-
    theus
dont sortit Deucalion, semeur de vie ;
de Deucalion surgit Helen, père sacré d'Aiolos,
dont naquit l'orgueil de Sisyphe,
qui fut mon père... Je te livre le secret royal :
car Anticlea, ma mère, me portait dans ses flancs
    augustes
quand l'épousa Laërte.

Il est temps, Télémaque, fils des dieux,
       que t'accueille l'antique patrie ;
J'ai tenu ma proue, contre vents et lames,
       obstinée vers Ithaque la mortelle ;
Prends la barre, vire au vent, vers le large,
       vers là-bas, vers le palais de joie !

Que l'ombre, au soleil levant, de ta barque
            te devance sur la mer ;
Laisse, ici, derrière toi, le bonheur
            aux hommes engendrés pour la mort
— La couronne chenue aux septante années
            suffise à leur gloire éphémère ! —
Qu'avec toi remonte en nuée
            la rosée de l'essence divine
et que sur la terre inféconde
            s'assèche la semence des dieux !

Olympiens ! votre sang fut un philtre farouche
            en nos veines qu'il embrase ;
notre fièvre héroïque fut le feu du nectar de vos
            bouches
            à nos lèvres où vos lèvres s'écrasent ;
la beauté de nos mères, l'audace
            de nos pères au front clair.
Vous y aviez miré la splendeur de vos faces,
            votre orgueil millénaire,

N'est-ce, enfin ! l'heure libératrice
            de votre âme indomptée,

heurtant aux parois de nos vices
      sa grande aile écourtée ?
Et n'est-il temps que s'essouffle et se brise
— aux collines lassées,
      en travail des vendanges —
la charge hennissante des centaures harassés ?
N'est-il temps qu'en les fanges,
haut jaillies vers l'azur et mêlées
à l'ahan de la terre foulée,
ne retentissent plus les sabots
des fils d'un Olympe en folie,
      aux hymens monstrueux,
mêlant le grand vin à la lie,
      et les hommes aux dieux !
brassant, pour l'ivresse impossible,
      — comme, au cratère, l'huile et le vin —
votre glorieux sang impassible
      au sang frémissant des humains !

> Ulysse, des deux mains, tient
> celles de Télémaque et de
> Télégonos ; l'éclat du soleil
> croît ; Pénélope survient,
> radieuse.

PÉNÉLOPE, à Télégonos.

Ulysse !

ULYSSE, presque à mi-voix.

Voyez, la jeunesse rayonne d'elle,

comme la flamme hors la corne qui l'abrite ;

Pénélope, lampe pure de l'attente,

voici conquise l'heure du retour.

Tu as tissé un linceul, ô femme,

sur le triste métier de tes jours ;

c'est pour un Ulysse périssable que tes mains le tis-
saient,

ô sourire incrédule !

mais il est un métier, chères mains, dans Aaïé la
claire ;

tu n'y tendras pas un linceul de vieillard, Pénélope ;

mais le vêtement d'or des dieux,

lumineux de jeunesse éternelle.

Des servantes et des serviteurs
ont envahi, peu à peu, le
portique ; ils se groupent de
part et d'autre de la couche.

Portez-moi vers la mer maternelle !

qu'elle berce mon sommeil sans réveil.

A Télémaque.

Tends la toile vers l'immortelle Aaïé.

Aux serviteurs.

Couchez-moi sur la proue, et la face au soleil,
    roulé au linceul de Laërte,
    honneur de mon foyer éteint.

A Télégonos, désignant Pénélope.

Prends sa main, divin Télégonos ;
    déjà je ne suis que ton ombre !

A Pénélope.

Pénélope, dont j'ai tué le bonheur impossible,
    comme on souffle une lampe ;

A Télémaque.

Télémaque, dont j'ai mûri le cœur,
comme la guêpe, qui l'entame, blesse et mûrit un
    fruit,
allez vers l'impassible vie, repoussez du pied le
    rivage
du charnier qu'engraisse toute chair née de l'amour
    pour la mort ;
Télémaque, Circé te guette du haut du pâle pro-
    montoire,

telle l'étoile du soir pend de la branche comme un
   fruit ;

A Pénélope.

Pénélope au cœur pur, Pénélope !
   suivez le nouvel Ulysse :
Cette joie que je t'aurais donnée, il te l'offre, car il
   en est la fleur ;

Suivez le nouvel Ulysse, fils de ma joie, vers la
   joie.

> Pénélope a pris la main de Télé-
> gonos ; ils avancent, la tête
> haute ; Ulysse s'est laissé aller
> aux bras de Télémaque ; les
> vieillards au front courbé, les
> servantes ployées sur elles-
> mêmes, sont secoués de san-
> glots muets.

ULYSSE, de voix lente et sourde, mais ferme.

Car le bonheur, que flétrit toute peine,
   se fane au soleil d'allégresse ;
mais la joie, qui se nourrit de pleurs
   et s'affine d'angoisse,
qui exalte, en les mêlant à elle,
   les douleurs surhumaines

— Gloire inaccessible, Amour, inassouvissable
    Pensée —
La Joie fleurit et renaît
        entre les dents de la Mort [1].

Ulysse retombe sans vie ; la marche qui le porte vers la barque
laisse immobiles les vieillards
et les femmes qui, groupés en
chœurs, chantent le thrène.

1. ᴗ _ ᴗ _ ᴗᴗ _ | _ ᴗᴗ _ ᴗᴗ _

ACHEVÉ D'IMPRIMER

Le quinze avril mil neuf cent vingt-cinq

PAR

Frédéric PAILLART

A ABBEVILLE

pour le

MERCVRE

DE

FRANCE